Natascha Pazodka

Hab ich selbst genäht!

Kinder nähen mit der Nähmaschine

OZ creativ

Hallo du da mit der Nähmaschine!

Wir freuen uns, dass du dieses Buch in deinen Händen hältst und anscheinend Lust hast, etwas zu nähen. „Wir" – das sind meine Kinder Antonia, Mia, Lion und ich, Natascha. Wir haben viel Spaß gehabt, dieses Nähbuch zu erstellen, und Nähen soll ja auch Spaß machen! Im Grundkurs Nähen lernst du die wichtigsten Grundtechniken kennen: Wie näht man zwei Stücke Stoff zusammen? Wie setzt man hübsche Motive auf, und was macht man mit Ecken? All das und mehr erfährst du in den vielen ausführlichen Anleitungsschritten mit Fotos.

In den einzelnen Kapiteln findest du verschiedene Projekte – alle mit Schritt-für-Schritt Anleitungen: Von einer einfachen CD-Hülle über Puppenkleidung, einer Tagesdecke, einem Schlüsselanhänger bis hin zu einem netten Tipi für die warme Zeit im Jahr. Es gibt Ideen für Mädchen und für Jungs, außerdem noch ein paar Basteltipps und Rezepte.

Es macht Freude, den Alltag fröhlich und bunt zu gestalten. Trau dich, deine eigenen Ideen umzusetzen! Wir geben immer wieder Tipps, wie du deine eigenen Modelle entwerfen kannst und dafür Maß nimmst.

Weitere Ideen findest du hier: www.nataschapazodka.de

Viel Freude beim kreativen Arbeiten!

Antonia   *Lion*

Mia   *Natascha*

Danke!

Liebe Antonia, liebe Mia und lieber Lion, ich danke euch für eure Mithilfe an diesem Buch, für eure immer gute Laune und für eure Geduld! Ohne euch wäre dieses Buch nicht entstanden!

Inhalt

Grundkurs Nähen

Achtung! Zunächst möchte und muss ich dich und deine Eltern warnen: Eine Nähmaschine näht – und zwar alles! Das heißt, wenn du deine Finger im Bereich des Füßchens und der Nadel hältst, so ist das wirklich gefährlich! Dennoch kannst du natürlich auch schon mit der Maschine nähen, schließlich musst du auch im Straßenverkehr zurechtkommen und passt dort ja auch auf. Halte den Stoff beim Nähen deshalb weit genug vom Nähfüßchen entfernt fest. Wenn eine Nadel zerbricht, kann das auch gefährlich sein. Das passiert manchmal, wenn man auf etwas Hartes, wie z. B. aus Versehen auf eine Stecknadel näht. Geh deshalb auch mit den Augen nicht zu nah an das Füßchen heran, sondern sitz aufrecht. Näh am Anfang langsam und nicht zu schnell! Dies kannst du mit dem Druck auf dem Fußpedal regulieren.
Leg deinen Stoff unter das Nähmaschinenfüßchen. Mit dem Hebel bewegst du das Füßchen nach unten. So wird der Stoff fest geführt. Mit der Hand bewegst du das Handrad zu dir hin, bis die Nadel einsticht. Nun kannst du losnähen.

Nähmaschine

Du brauchst natürlich eine Nähmaschine. Falls du noch keine hast, kannst du dir vielleicht eine ausleihen. Wenn dir das Nähen Spaß macht, ist eine Nähmaschine ein gutes Geburtstags- oder Weihnachtsgeschenk.

Zubehör

Ein Bügeleisen, ein Maßband und eine Stoffschere. Gebügelte Arbeiten passen besser. Bei nicht gebügelten Nähten ist das Ergebnis womöglich etwas schief. Falls du nicht alleine bügeln darfst, bitte einen Erwachsenen, dir zu helfen.

Schnitte

Leg Backpapier auf die Vorlage und paus sie ab. Schneide die Form aus, leg sie auf die linke Seite des Stoffes. Zeichne die Form mit Nahtzugabe mit Schneiderkreide auf den Stoff. Für eigene Schnitte kannst du Zeitungspapier nehmen.

Geradstich und Verriegeln

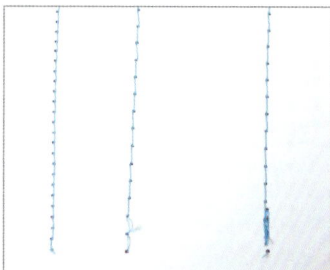

Das sind Geradstiche mit verschiedenen Stichlängen. Ganz rechts ist der Anfang der Naht dicker. Hier wurde die Naht verriegelt, damit sie nicht wieder aufgeht. Näh deshalb am Anfang und am Ende jeder Naht kurz vor und zurück.

Zickzackstich

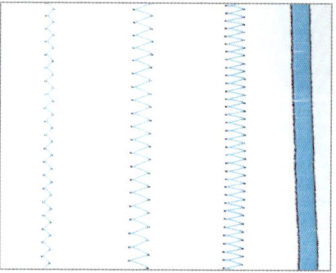

Das sind Zickzackstiche in verschiedenen Stichlängen und -breiten. Hier kannst du also auch die Breite einstellen. Der letzte Stich ist sehr breit und kurz. Diesen kannst du z. B. für den Kopfhörerbogen der CD-Hülle verwenden.

Zierstiche

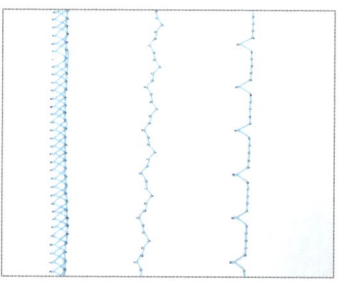

Wenn deine Nähmaschine Zierstiche hat, dann probier sie doch einmal aus. Du kannst hier nette Effekte erzielen. Die Schürze ist zum Beispiel mit einem Zierstich abgesteppt.

Rechts und links

Die meisten Stoffe haben eine schöne und eine blasse Seite. Die schöne Seite ist die Vorderseite. Man nennt sie die rechte Seite. Die Rückseite heißt linke Seite.

Rechts auf rechts

Hier werden die Teile rechts auf rechts gelegt. Die schönen Seiten liegen also innen, die blassen Seiten liegen jeweils außen. Achte darauf, dass die Formen bündig aufeinanderliegen, die Kanten also nicht verschoben sind.

Gegengleich

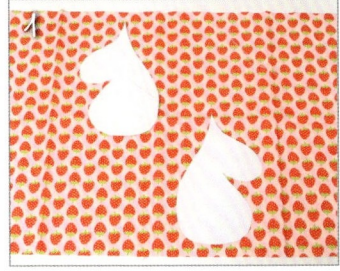

Bei manchen Formen musst du mit 1 Schnittvorlage 2 gegengleiche Schnittvorlagen zuschneiden. Dafür legst du die Vorlage einmal mit der einen Seite und das andere Mal mit der anderen Seite (einfach umdrehen) auf den Stoff.

Hier sind 2 Teile aus demselben Schnittmuster, jedoch gegengleich, zugeschnitten.

Wenn du sie so zugeschnitten hast, kannst du sie bündig rechts auf rechts legen.

Nahtzugabe

Wenn du eine Schnittvorlage hast, dann soll das genähte Stück später genauso groß sein wie diese. Du brauchst also etwas mehr Stoff. Das nennt man Nahtzugabe. Wie groß du die Nahtzugabe wählst, ist deine Entscheidung, aber sie soll an allen Seiten gleich breit sein.

Die Vorlage zeigt die Nählinie, auf der du nähst. Wenn du die Nahtzugabe festgelegt hast, kannst du dich an den Linien auf der Stichplatte orientieren. Eine Nahtzugabe von 0,75 cm ist „füßchenbreit", der rechte Rand des Nähfüßchens verläuft dann genau auf der Stoffkante.

Ecken nähen

In einer Ecken hältst du an. Die Nadel bleibt im Stoff stecken. Heb das Füßchen mit dem Hebel an, dreh deine Arbeit in die nächste Nährichtung, setz das Füßchen wieder ab und näh weiter.

Wendeöffnung

Um eine „Hülle" zu nähen, leg 2 Stoffstücke rechts auf rechts übereinander und näh sie mit gleichmäßiger Nahtzugabe entlang der Kante zusammen. Jedoch lässt du ein Stück der Naht offen, um deine Arbeit durch diese Öffnung zu wenden. Dann ist die schöne Seite wieder außen.

Ecken abschrägen

Viele Ecken müssen bis kurz vor die Naht schräg abgeschnitten werden. Dabei darfst du die Naht nicht verletzen. Nach dem Wenden liegt sie dann besser in Form.

Wenden/ Verstürzen

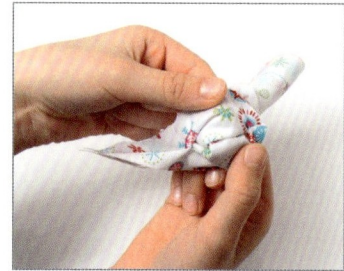

Nun wendest du die Arbeit. Das heißt, du holst die innenliegenden rechten Stoffseiten heraus. Die linken Stoffseiten und die Nähte liegen anschließend innen und sind nicht mehr zu sehen.

Ecken ausformen

Mit einem Bleistift oder einem ähnlichen Gegenstand (nicht jedoch mit einer Schere!) kannst du die Ecken nach dem Wenden ausformen.

Wendeöffnung verschließen

Schlag die Nahtzugaben der Wendeöffnung nach innen.

Fixier die Kanten der Wendeöffnung mit Stecknadeln. Nun kannst du die Öffnung von Hand oder mit dem Geradstich der Maschine zusammennähen.

Versäubern

Damit Stoff nicht ausfranst, kannst du ihn versäubern. Dafür nähst du mit mittelbreitem Zickzackstich auf der Kante entlang. Der mittlere Strich des Füßchens verläuft dabei genau auf der Stoffkante.

Die Nadel sticht links in den Stoff und rechts ins Leere. Dadurch wird die Kante umschlossen und versäubert.

Saum oder Einschlag/Umschlag

Einschlag: Schlag die Stoffkante gleichmäßig ein.

Fixier den Einschlag durch Bügeln mit dem Bügeleisen.

Umschlag: Schlag den gebügelten Einschlag um.

Fixier den Umschlag durch Bügeln mit dem Bügeleisen. Nun hast du einen schönen Saum, die offene Stoffkante liegt innen.

Klettverschluss

Applizieren mit beidseitig aufbügelbarem Haftvlies

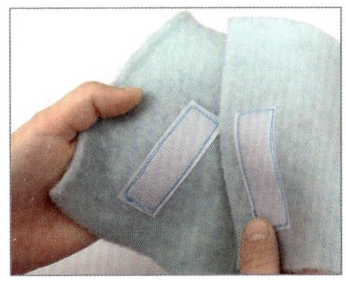 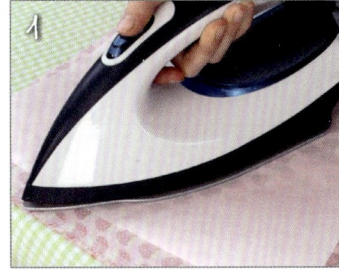 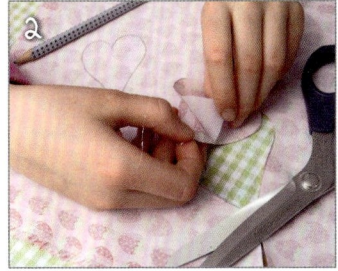 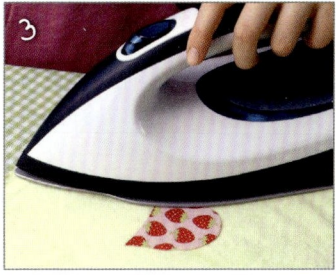

Ein Klettverschluss besteht immer aus einer Haken- und einer Flauschseite. Schneide 2 gleich lange Stücke ab und leg sie auf die gewünschte Stelle. Näh sie 2-mal ringsum knapp entlang der Kanten ab, so reißen sie nicht aus.

Schneide ein Stück Stoff zu, den du auf einen anderen applizieren (aufsetzen) möchtest, sowie ein etwas kleineres Stück Haftvlies. Leg das Vlies mit der Klebeseite auf die linke Seite des Stoffes und bügel es ca. 30 Sekunden bei hoher Temperatur auf.

Nun schaust du auf das Trägerpapier des Haftvlieses. Darauf zeichnest du die Formen, die du applizieren möchtest (Achtung: Sie werden aufgebügelt seitenverkehrt erscheinen). Schneide sie aus und zieh das Trägerpapier ab.

Leg die ausgeschnittene Form mit der Vliesseite nach unten auf die rechte Stoffseite des Untergrundstoffes und bügel sie ca. 30 Sekunden auf, dabei das Bügeleisen leicht bewegen. Näh die Umrisse mit einem breitem Zickzackstich nach.

Stecknadelkissen
Aller Anfang ist Leicht

Aus einem Schraubglas und einem schönen Streifen Stoff kannst du schnell und einfach dein eigenes Nähgläschen herstellen. Hier kannst du Nähgarn, Knöpfe und Nadeln hübsch aufbewahren – ein ideales Einsteigerprojekt!

So wird's gemacht

1 Zeichne die Umrisse der kleinen Schüssel 2-mal auf den Stoff und schneide die Teile aus.

Passgenau aufeinanderlegen

2 Leg die Kreise mit den Innenseiten aufeinander (die schönen Seiten sind also außen) und fixiere sie mit Stecknadeln.

3 Näh die Stoffteile zusammen, ...

4 ... lass dabei jedoch eine Öffnung frei.

Füllen

5 Füll dein Stecknadelkissen mit Füllwatte.

8 Heize die Heißklebepistole auf und bedecke den Deckel mit dem heißen Kleber.

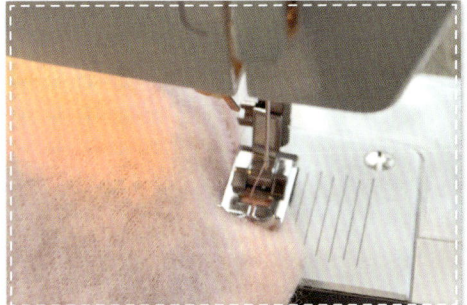

6 Steck die Öffnung mit einer Stecknadel zusammen und näh die Öffnung zu.

9 Kleb das Kissen auf den Deckel deines Glases.

Tipp: Stecknadeln

Entwirf deine eigenen Stecknadeln! Wir haben dazu Fimo in Form geknetet, an die Stecknadelköpfe gesteckt und im Backofen nach Anweisung aushärten lassen.

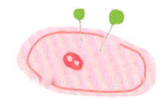

7 Wenn du möchtest, kannst du das Kissen mit Zackenlitze oder einem anderen Bändchen und einem Knopf oder einer Muschel verschönern. Wir haben eine Heißklebepistole zum Befestigen benutzt. Du kannst natürlich auch nähen.

Für das Stecknadelkissen brauchst du:

* nicht fransender Stoff, z. B. Walkloden, ca. 30 x 15 cm
* Füllwatte
* 1 kleine Müslischale, ca. ø 12 cm
* 1 Glas mit Schraubdeckel
* Zackenlitze (nach Belieben)
* Knöpfe, Muscheln oder hübsche Steine (nach Belieben)
* Heißklebepistole

Schlüsselanhänger
Das ist meiner!

Das Arbeiten mit Ösen sieht zunächst kompliziert aus. Ist es aber nicht! In einem Päckchen Ösen mit Scheiben ist alles enthalten, was du brauchst. Dazu gehören die Aufsätze für das Lochen des Stoffes und für das Zudrücken der Ösen. Falls du keine Ösenzange hast, geht auch alles mit einem Hammer. Wie du genau welche Aufsätze benutzt, steht in der Herstelleranleitung.

Für den Schlüsselanhänger brauchst du:

* 1 Streifen Filz oder Walkloden, 3 x 15 cm
* bestickte oder bedruckte Borte, 2 cm breit, 15 cm lang
* 1 Öse mit Scheibe in Silber, ø ca. 8 mm
* Hammer oder Druckknopf-Loch- und Ösenzange

So wird´s gemacht

1 Schneide einen geraden Streifen Filz oder Walkloden und ein genauso langes Stück Borte zu. Steck die Borte mit Stecknadeln mittig auf den Streifen.

Borte aufnähen

2 Näh nun die Borte entlang beider Kanten mit dem Geradstich auf den Streifen.

3 Falte den Streifen in der Mitte auf die halbe Länge zusammen und fixier ihn mit einer Stecknadel. Die Borte soll dabei außen liegen.

Verschließen

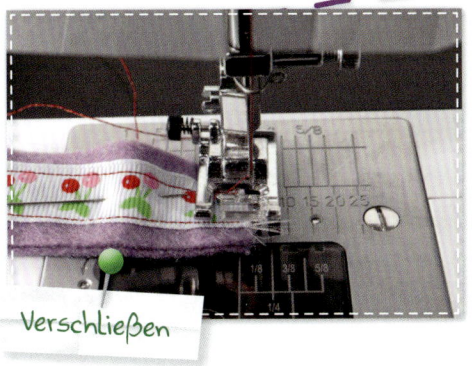

4 Näh die beiden offenen kurzen Kanten des gefalteten Streifens mit einem breiten Zickzackstich zusammen.

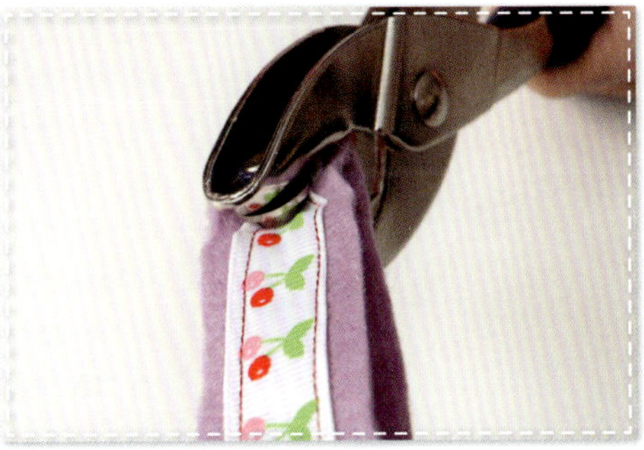

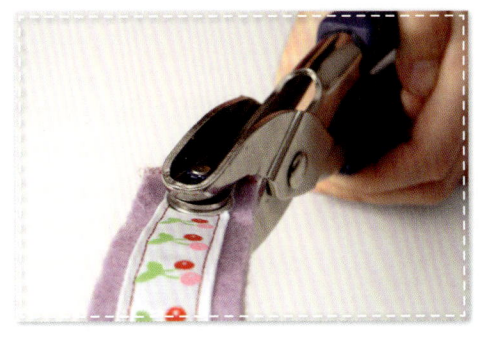

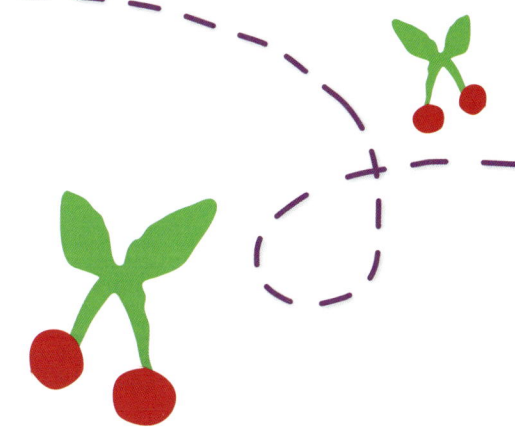

5 Stanz mit der Ösenzange an die zusammengenähten Enden ein Loch in die Mitte.

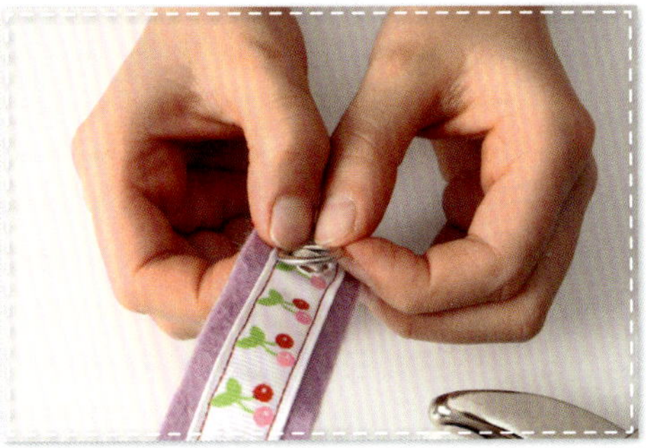

6 Leg eine Öse auf das Loch und unter den Stoff genau darunter eine Scheibe.

7 Mit den anderen Aufsätzen drückst du die Öse zusammen.

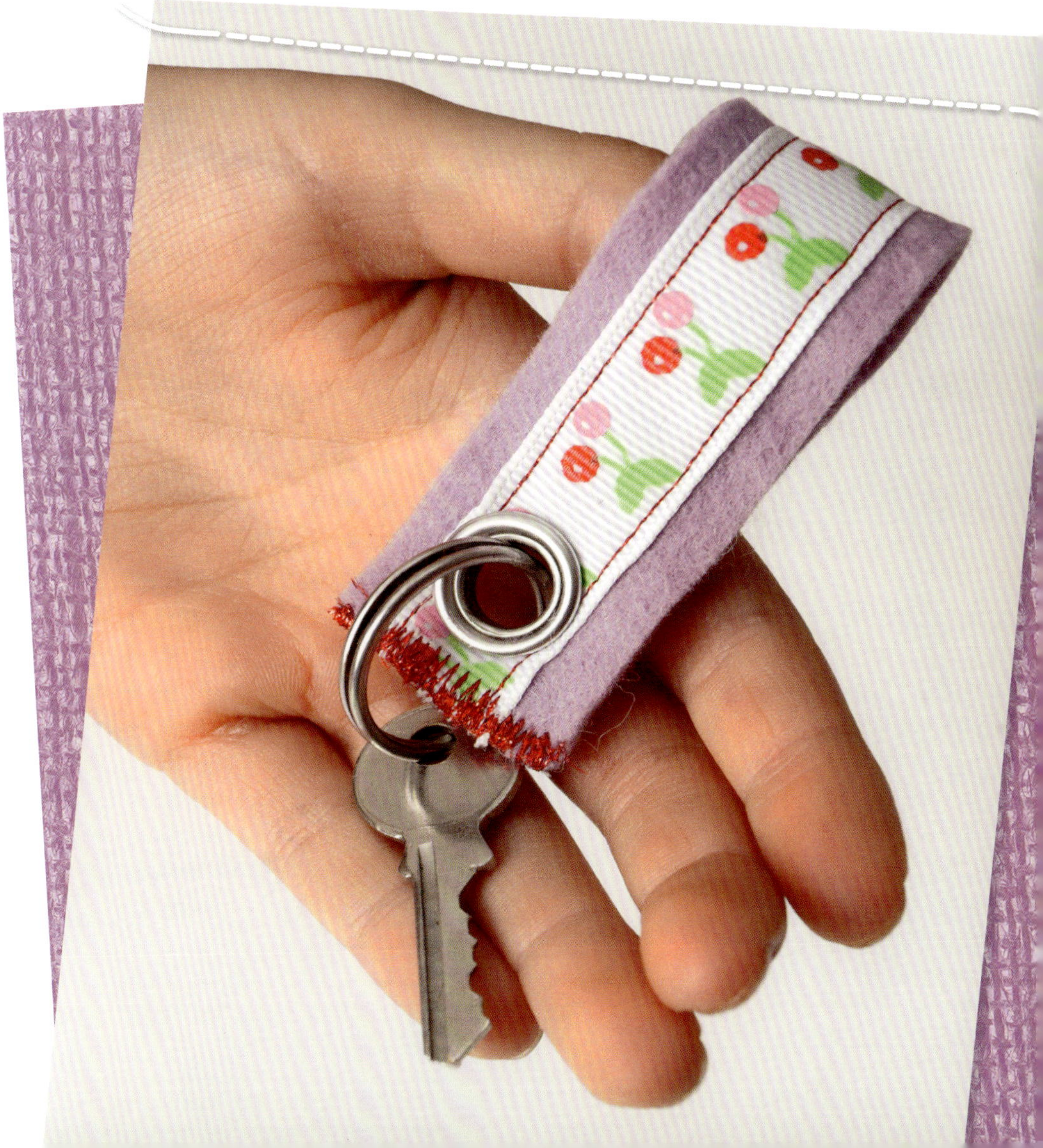

Lagerfeuer mit Tipi, Sitzkissen und Stockbrot

Geschafft! Das Tipi steht,
Decke und Kissen liegen
darin, und am Lagerfeuer
duftet das Stockbrot.

Wir hatten Glück: Der Oktober war noch einmal so richtig schön warm. Mit der Nähmaschine bepackt waren wir weit ab vom Dorf umgeben von Wiesen, Wald und Einfachheit. Ein Tipi sollte her! Dazu noch gemütliche Sitzkissen und etwas zu essen. Natürlich am Lagerfeuer …

So wird's gemacht

1 Zunächst schaffen wir 6 Stöcke herbei: ca. 2 m lang, ziemlich gerade und nicht morsch. Alle helfen mit, die Stöcke nach alter Tipi-Bauweise aufzustellen. Oben verschnüren und sichern wir die Verkreuzungen mit einer festen Schnur. Dann geht es ans Nähen.

Diagonalen einzeichnen

2 Teil den 6 m langen Stoff in drei gleich lange Teile, also jeweils 2 m, auf. Zeichne in jedes Teil eine Diagonale von einer Ecke zur gegenüberliegenden Ecke ein. Zu zweit geht es besser. Wir haben einen Zollstock und Schneiderkreide benutzt.

3 Schneide jedes Stoffteil an der aufgezeichneten Diagonale auseinander. So entstehen jeweils 2 Dreiecke.

Seiten angleichen

4 Falte jedes Dreieck in der Mitte zusammen. Leg dafür die kürzere Seite auf die längere. Du kannst jetzt sehen, dass die Seiten des Dreiecks nicht gleich lang sind. Zeichne mit Schneiderkreide die Form der kürzeren Kante nach und schneide den überstehenden Stoff ab. So erhältst du ein Dreieck mit zwei gleich langen Seiten.

5 Da der Jutestoff leicht ausfranst, solltest du ihn versäubern. Falte alle Kanten ca. 2 cm um und bügel sie. Das dauert leider sehr lange. Versuch einen Erwachsenen zu finden, der dir hilft. Falls du auf das Versäubern verzichtest, können die Nähte ausfransen.

6 Um die gebügelten Kanten dauerhaft zu sichern, steppst du sie alle 1-mal mit dem Geradstich ab.

Für das Tipi brauchst du:

* 6 dicke, gerade Stöcke, ca. 2 m lang
* Jute in Hellbraun, ca. 130 cm breit, 6 m
* Klettband (jeweils Flausch- und Hakenseite) zum Nähen, ca. 1 m
* 1 Zollstock
* Schneiderkreide
* feste Schnur, ca. 2-3 m

7 Nun legst du 2 Dreiecke mit den schönen Seiten (also rechts auf rechts) aufeinander. Näh beide Teile an einer langen Kante zusammen. Klapp sie auf und leg das nächste Dreieck genau über eines der beiden darüber. Näh das Dreieck an die noch freie Kante an. Beachte jedoch, dass du dabei jeweils noch den Klettverschluss miteinnähen musst (siehe nächsten Schritt).

8 Beim Zusammennähen der Dreiecke (siehe vorheriger Schritt) nähst du jeweils ca. 20 cm von der oberen Spitze entfernt zwei zusammenpassende Klettverschlussteile (also Haken- und Flauschseite) mit in die Naht ein. Achte darauf, wie du sie einnähst, denn sie sollen später im Inneren des Tipis liegen und um die Äste herum gelegt werden können, um das Tipi zu befestigen.

9 Falls dir Büffel und Pferd gefallen, übertrage die Vorlagen vom Vorlagenbogen auf Backpapier und schneide sie aus. Du kannst dir natürlich auch andere Motive ausdenken.

Motive vorbereiten

10 Schneide ein Stück dunkelbraune Jute und ein passendes Stück aufbügelbares Vlies (etwas kleiner als die Jute) zu. Bügel das Vlies auf die Jute.

11 Übertrage den Büffelkopf auf das Vlies.

12 Schneide die Form an der aufgezeichneten Linie exakt aus.

13 Zieh das Trägerpapier des Vlieses ab.

14 Bügel zunächst den Büffelkopf ca. 30 Sekunden lang unter leichten Bewegungen fest, stepp die Ränder mit einem breitem Zickzackstich ab, sodass sie sich auch bei Beanspruchung nicht lösen. Anschließend bügelst du die Hörner auf und steppst die

Ränder ebenfalls mit breitem Zickzackstich ab. Verwende jeweils farblich passendes Garn.

15 Das Tipi ist nun fertig und du kannst es um die Holzstangen legen.

16 Innen legst du die Klettverschlüsse um die Äste. Jetzt kann nichts mehr verrutschen.

Halloween-Kürbisse

Das Tipi ist fertig. Die Kürbisse sind reif und bald ist Halloween. Wie wäre es mit einer kleinen Party? Dafür braucht es natürlich einige Vorbereitungen. Mehr dazu könnt ihr im Halloween-Kapitel auf Seite 42–45 nachlesen, hier werden die Kürbisse erst mal geschnitzt.

1 Wir haben uns einen reifen Kürbis frisch vom Feld geholt.

Saatgut für nächstes Jahr

2 Entferne von oben das Innere des Kürbisses. Insgesamt enthält die Herbstfrucht mehrere hundert Kürbissamen. Die kannst du trocknen und im nächsten Mai aussäen. Wenn alles gut geht, wachsen aus einem Samen ungefähr acht dicke Kürbisse heran. Wie wäre es mit einem schnell genähten Samenbeutelchen aus einem Stoffrest?

3 Ein Gesicht kann man am besten mit einem scharfen Küchenmesser in die Schale ritzen. Lass dir dabei von einem Erwachsenem helfen!

Für je 1 Sitzkissen brauchst du:

* Baumwollstoff für die Oberseite, ca. 25 x 25 cm
* Wachstuch für die Unterseite, ca. 25 x 25 cm
* Füllwatte
* bestickte Borte oder Band, ca. 1–1,5 cm breit, 15 cm (Aufhänger)
* Kochtopf, ca. ø 20 cm

Sitzkissen

Auch diese kleinen Sitzkissen sind schnell genäht. Als Vorlage nimmst du einfach einen großen Kochtopf. Wenn du die Unterseite des Kissens aus einer alten Lacktischdecke oder aus Wachstuch nähst, ist das Kissen wasserfest und du kannst auch abends damit am Feuer sitzen.

Fertiger Stockbrotteig

Leg den Kochtopf auf den Baumwollstoff, zeichne ihn ringsum mit einem Stift nach und schneide in 1-mal zu. Denselben Kreis schneidest du auch aus Wachstuch aus. Dann legst du die beiden Kreise mit den schönen Seiten (rechts auf rechts) aufeinander und nähst sie bis auf eine Öffnung zum Wenden zu. Es wird so ähnlich genäht wie das Nadelkissen, schau dort nochmal nach. Anders als das Nadelkissen musst du das Kissen nun wenden. Anschließend füllst du es mit Füllwatte und nähst die Öffnung zu. Wir haben außerdem noch eine hübsche Borte zum Aufhängen angenäht.

Stockbrot am Lagerfeuer

Brennt das Lagerfeuer und habt ihr Hunger nach all den Vorbereitungen? Das Stockbrot-Rezept ist sehr einfach, ihr findet es im Schürzen-Kapitel auf Seite 23.

2 Die Rinde an der Spitze schnitzt ihr ab.

Haselnuss-Blatt

1 Ihr braucht einen ungiftigen Stock, um das Stockbrot über dem Feuer zu rösten. Wir verwenden immer einen Haselnuss-Stock. Haselnuss-Büsche sind weit verbreitet. Dünne, biegsame Stämmchen stehen dicht zusammen und werden mehrere Meter hoch. Die Blätter sind fast herzförmig und gezackt.

3 Wickelt den Teig nicht zu dick darum herum. Dann haltet ihr ihn über die Glut, dreht ihn hin und her und wartet, bis das Brot fertig gebacken ist.

Küchenschürze
Kochen wie die Mama!

Für die Schürze brauchst du:

* Baumwollstoff in Blau-Weiß kariert, 70 x 80 cm
* Stoff mit Muffinmotiven (für die Tasche), 15 x 20 cm
(Du kannst natürlich auch andere Stoffe verwenden.)

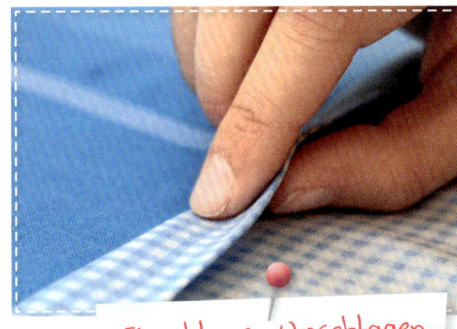

Einschlagen Umschlagen

3 Fixier die Säume mit Stecknadeln.

1 Schneide aus dem blau-weiß karierten Stoff ein Rechteck von 50 x 70 cm zu. Den restlichen Stoff legst du für die Bindebänder beiseite.

2 Um die Stoffkanten zu versäubern, faltest du sie jeweils 2-mal nach innen und bügelst sie, sodass ringsum Säume entstehen.

4 Schlag auch die Ecken ein und steck sie fest.

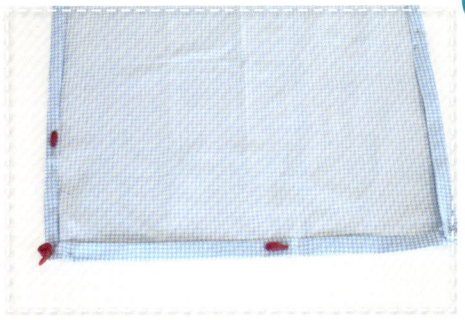

5 Jetzt sind alle Kanten eingeschlagen, gebügelt und festgesteckt.

8 Zum Schluss steppst du die Schrägen ab.

9 Für das Täschchen schneidest du ein Rechteck von 15 x 20 cm zu. Schlag alle Seiten 2-mal nach innen ein und bügel sie.

6 Näh die Säume ringsum fest. Probier doch hier wie wir auch einen Zierstich aus, wenn deine Nähmaschine einen hat.

7 Schlag die beiden oberen Ecken 15 cm gleichmäßig ein und fixier sie mit Stecknadeln. Schau es dir einmal auf dem Bild von Schritt 18 auf Seite 23 an.

10 Dann steppst du sie füßchenbreit ab. Finde für das Täschchen einen passenden Platz auf der Schürze und steck es mit Stecknadeln fest. Näh die Tasche an den Seiten und der Unterkante fest.

11 Für die zwei Taillenbänder und das Nackenband brauchst du insgesamt 3 Streifen von jeweils 10 x 50 cm. Schneide sie aus dem restlichen blau-weiß karierten Stoff zu.

12 Falte jeden Streifen mittig entlang der Mitte und bügel die Falte ein.

13 Du hast nun an dem gebügelten Streifen eine gefaltete, gebügelte Kante und eine Seite mit zwei offenen Kanten. Falte die Seite mit den offenen Kanten bis zur Mitte des Streifens und bügel sie wieder fest.

Immer wieder bügeln!

14 Falte den Streifen der Länge nach zusammen, die Kanten sollen genau übereinanderliegen. Bügel alles noch einmal. Du hast jetzt ein ordentliches Band. Fixier es mit Stecknadeln.

15 Näh die übereinandergelegten Kanten mit dem Geradstich füßchenbreit zusammen.

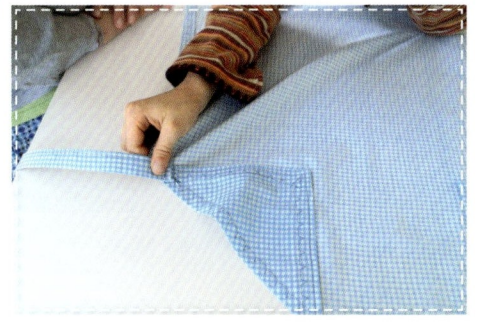  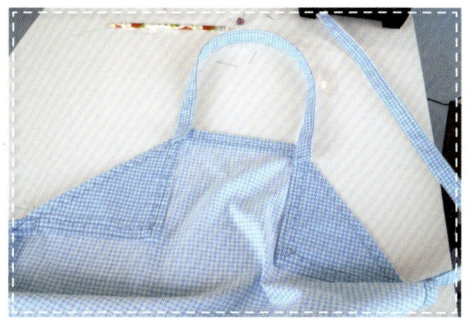

16 Für die Taillenbänder steckst du an beiden Seiten der Schürze je 1 Band an der Ecke mit Stecknadeln fest.

17 Näh das Band in Form eines Rechtecks fest.

18 Für das Nackenband steckst du das dritte Band rechts und links am Latz fest und nähst es wie die Taillenbänder fest.

Rezept:
Stockbrotteig

Mehl, Trockenhefe, Salz, Öl und Wasser – fertig ist der Teig!

Für den Stockbrotteig brauchst du:

* 500 g Mehl
* 1 Päckchen Trockenhefe
* ¼ Teelöffel Salz
* 3 Esslöffel Öl
* etwas warmes Wasser

So wird's gemacht

Vermisch und verknete alle Zutaten miteinander. Gib so viel warmes Wasser hinzu, dass ein schöner geschmeidiger Teig entsteht. Dank der Trockenhefe brauchst du den Teig nicht gehen zu lassen. Du kannst sofort mit dem Stockbrot-Backen beginnen. Schau dafür in das Tipi-Kapitel auf Seite 19.

Zwei Gürtel
Welcher passt zu dir?

Aus einem Jeansrest, den du aus dem Hosenbein einer alten Jeans herausschneidest, oder deinen Lieblingsborten kannst du ganz nach deinem Geschmack einen individuellen Gürtel nähen. Gurtband, eine Schnalle und Ösen brauchst du in jedem Fall.

So wird's gemacht

1 Miss deinen benötigten Gürtelumfang ab und rechne eine zusätzliche Länge, die du zum Verschließen des Gürtels benötigst, hinzu. In dieser Länge schneidest du Gurtband und Borten zu. Steck die Borten eng nebeneinander mit Stecknadeln auf dem Gurtband fest.

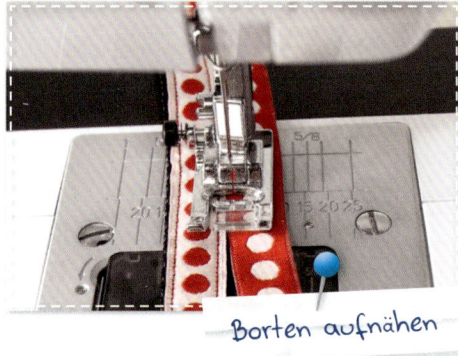

Borten aufnähen

2 Näh jedes der beiden Bänder knapp entlang beider Kanten mit dem Geradstich fest.

3 Leg ein Ende des Gürtels in die Gürtelschnalle und klemm sie fest. Am anderen Ende klemmst du das Endstück des Gürtelsets fest.

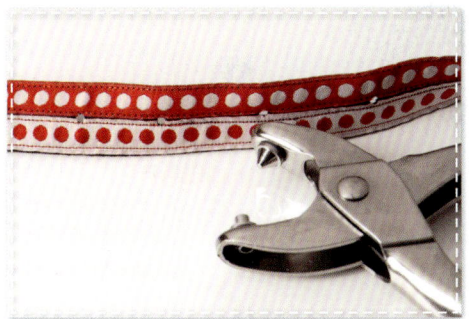

4 Stanz mit der Druckknopf-Loch- und Ösenzange in regelmäßigen Abständen von ca. 4 cm Löcher und arbeite die Ösen ein.

So wird's gemacht

Streifen einschneiden

1 Schneide aus den Beinen einer alten Jeans einen Streifen zu. Der Streifen sollte ungefähr so breit und genauso lang wie das Gurtband sein. Falte diesen Streifen der Länge nach mittig zusammen (dann ist er nur noch halb so breit) und schneide ihn auf der gesamten Länge an der gefalteten Kante ein wenig ein. Falls der Streifen zu kurz ist, kannst du mehrere, gleich breite Streifen ausschneiden (sie werden später nebeneinander aufgenäht).

2 Klapp den Streifen wieder auf.

3 Steck den Streifen mit Stecknadeln auf dem Gurtband fest und näh ihn an beiden Seiten mit einem breitem Zickzackstich auf. Wie beim anderen Gürtel (siehe dort Schritt 3 und 4) befestigst du die beiden Teile der Schnalle an den Enden des Gürtels und stanzt Löcher und Ösen in den Gürtel.

Für den Gürtel mit Borten brauchst du:

* Gurtband in Schwarz, 2,5 cm breit, ca. 1 m
* 2 bestickte Borten deiner Wahl, ca. 1,25 cm breit, jeweils in der Länge des Gurtbandes
* 1 Gürtelschnallen-Set, 2,5 cm breit
* Druckknopf-Loch- und Ösenzange oder Hammer
* ca. 5 Ösen mit Scheiben, ø ca. 5 mm

Für den Jeansgürtel brauchst du:

* Gurtband in Schwarz, 2,5 cm breit, ca. 1 m
* 1 alte schwarze Jeans
* 1 Gürtelschnallen-Set, 2,5 cm breit
* Druckknopf-Loch- und Ösenzange oder Hammer
* ca. 5 Ösen mit Scheiben, ø ca. 5 mm

Dartscheibe
Vorsicht Klettenalarm!

Die Dartscheibe wird mit sammel-
frischen Kletten beworfen. Genäht wird
sie aus alten, zu klein gewordenen
Pullis und einem Stück Pappe.

So wird´s gemacht

1 Schneide aus den Pullis große Quadrate
heraus und schneide passend dazu das
Haftvlies (etwas kleiner als die Stoffteile) zu.

2 Bügel das Haftvlies auf die Rückseiten
der Pullistoffe.

Formen suchen

3 Such dir 3 verschieden große Teile, z.B
einen Becher, ein kleines Schälchen und
eine Schüssel, um die Kreise auf das Vlies
zu zeichnen.

4 Übertrage die Formen mit Bleistift auf
das Vlies und schneide die Kreise exakt auf
der eingezeichneten Linie aus.

5 Zieh das Trägerpapier vom kleinsten
Kreis ab.

Für die Dartscheibe brauchst du:

- 3 alte T-Shirts oder Sweatshirts
- Pappe
- beidseitig aufbügelbares Haftvlies, ca. 50 x 50 cm
- Bastelkleber oder Klebstift
- feste Schnur oder Zackenlitze, ca. 25 cm

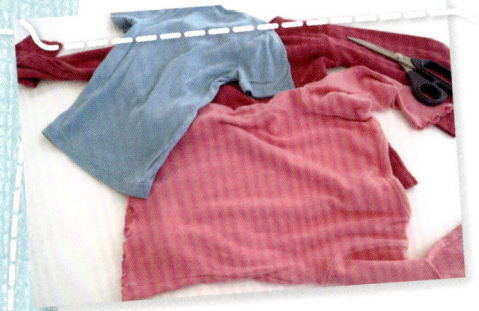

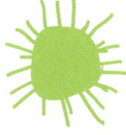

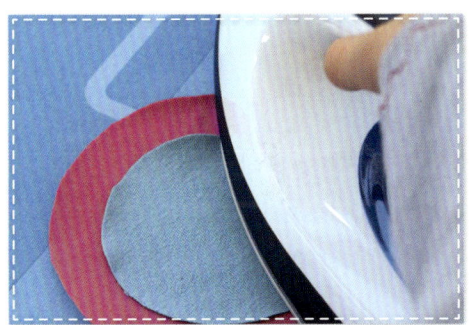

6 Bügel den kleinsten Kreis mittig auf den mittleren Kreis.

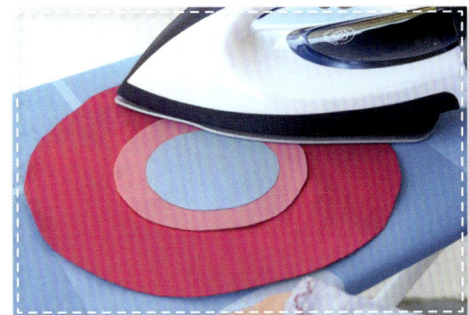

7 Nun löst du das Trägerpapier vom mittleren Kreis ab, legst es auf den größten Kreis und bügelst es mittig auf.

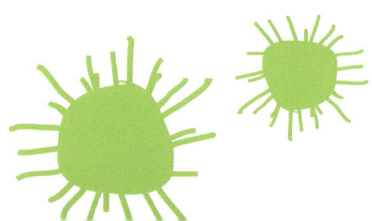

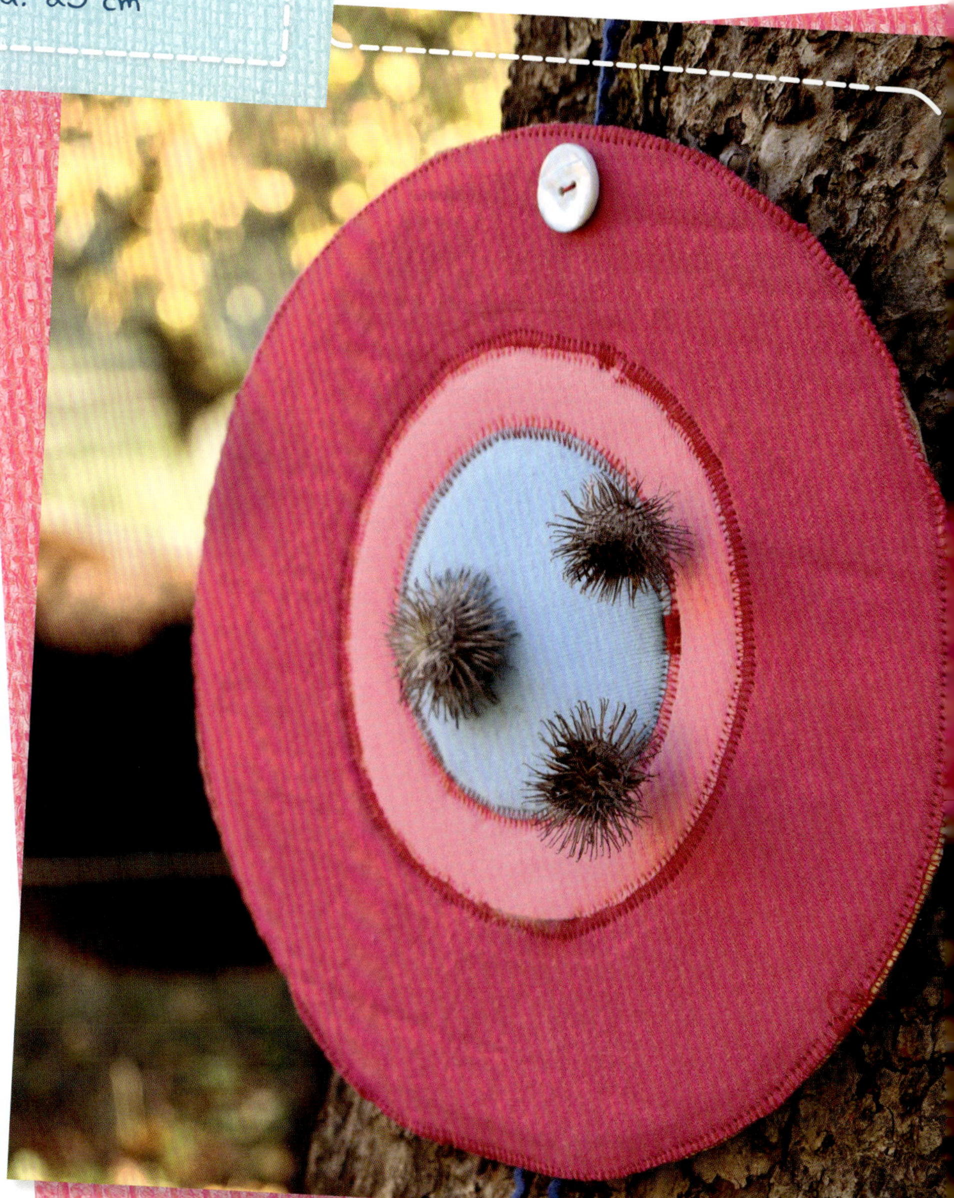

8 Übertrage die größte Kreisform auf Pappe und schneide sie aus.

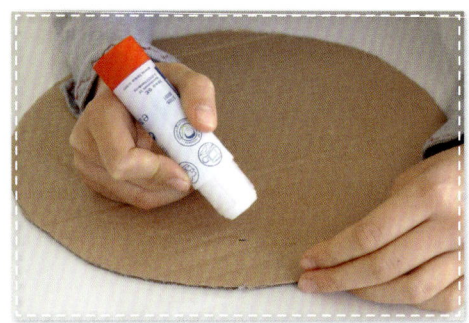

9 Bestreich die Pappe vollständig mit Klebstoff.

10 Nun entfernst du das Trägerpapier des größten Kreises ...

11 ... und klebst den Kreis auf die Pappe.

Durch Pappe nähen

12 Näh alle Kreiskanten mit einem breiten Zickzackstich nach, verwende also eine kleine Stichlänge und eine große Stichbreite. Achte darauf, dass der Mittelstrich des Nähmaschinenfüßchens möglichst genau auf der Kante des jeweiligen Kreises liegt. Beim Nähen auf Papier bzw. Pappe solltest du eine gute (neue) Nadel benutzen.

13 So sieht die Dartscheibe auf der Rückseite aus. Schneide alle Fäden ab.

14 Leg ein Bändchen, z. B. ein Stück Zackenlitze, zur Schlaufe zusammen und näh es von Hand auf der Rückseite als Aufhänger fest. Vorne kannst du noch einen Knopf als Verschönerung anbringen.

Kletten sind das perfekte Wurfmaterial für die Dartscheibe. Sie wachsen oft auf verwilderten Plätzen.

Bratäpfel

Nähen und Spielen machen hungrig! Heute gibt es leckere Äpfel aus dem Feuer!

1 Nach der Arbeit wird gegessen: Heute gibt es Bratäpfel heiß aus dem Feuer!

3 Lecker! Bratäpfel schmecken sehr lecker nach warmem, frischen Apfelkompott.
Achtung: Sehr heiß!

2 Für Bratäpfel entkernst du die Äpfel und füllst sie mit Marmelade. Gut in Alufolie einwickeln und ungefähr 15 Minuten in der Glut brutzeln lassen.

Deine Tasche
Borte, Knopf und Rüsche

Werde dein eigener Modedesigner und entwirf deine eigene Tasche. Du brauchst zwei verschiedene Sorten Stoff (für die Außenseite und das Futter). Wenn du möchtest, kannst du Bänder und Knöpfe als Verzierung aufnähen.

So wird's gemacht

Für die Tasche brauchst du:

* Walkloden in Lila, 25 x 50 cm (für die Außenseite)
* Baumwollstoff, farblich passend, 25 x 50 cm (für die Innenseite)
* Walkloden in Lila, ca. 10 x 65 cm (für den Tragegurt)
* bestickte Borte, 50 cm (für den Umfang des Taschenkörpers)
* bestickte Borte, 65 cm (auf dem Tragegurt)
* Rüschenborte, 65 cm (auf dem Tragegurt)
* 5 Deko-Knöpfe, z.B. in Pilzform
* 1 Herzknopf in Rot (als Verschluss)
* Kordel in Rot-Weiß, 20 cm

1 Leg jedes Stoffteil in der Mitte zusammen, sodass die schöne Seite innen liegt, und fixier sie mit Stecknadeln. Näh die Seiten füßchenbreit zusammen, die Oberkante bleibt offen. Du hast nun zwei Stoffbeutel. Den Beutel für die Außenseite wendest du auf rechts.

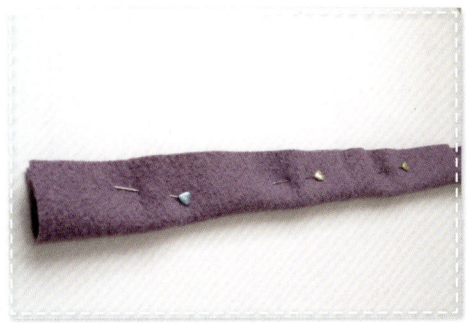

2 Für den Tragegurt faltest du den Streifen aus Walkloden entlang der Mitte und fixierst ihn mit Stecknadeln.

Tragegurt vorbereiten

5 ... und näh sie entlang der glatten Kante mit dem Geradstich fest.

6 Steck daneben die bestickte Borte fest ...

3 Stepp den Gurt der Länge nach mit 2 oder 3 geraden, parallel verlaufenden Nähten durch.

4 Steck die Rüschenborte an dem Rand mit den offenen Stoffkanten mit Stecknadeln fest ...

7 ... und näh sie entlang beider Kanten mit dem Geradstich fest.

9 Nun steckst du den Tragegurt seitlich fest, die Enden liegen dabei an der Oberkante, die Schlaufe zeigt nach unten. Außerdem liegt die hübsche Seite des Gurts auf der hübschen Seite der Tasche!

11 Zieh die Innentasche (= Futter) über die Außentasche. Die schöne Seiten liegen dabei aufeinander.

8 Um die bestickte Borte ringsum auf die Tasche zu nähen, zeichnest du zunächst eine gerade Linie mit Schneiderkreide und Lineal vor. Stecke die Borte entlang dieser Linie mit Stecknadeln fest und näh sie entlang beider Kanten mit dem Geradstich fest. Schieb dafür die Außentasche über den Nähmaschinenarm, damit du die Tasche nicht zunähst!

10 Näh den Tragegurt an der Oberkante fest.

Teile zusammenfügen

12 Zieh die Taschen komplett übereinander, sodass die Oberkanten genau aufeinanderliegen, richte auch die Seitennähte übereinander aus und steck die Teile gut mit Stecknadeln fest. Näh die Teile an der Oberkante ringsum füßchenbreit zusammen, lass jedoch an der Rückseite der Tasche eine ca. 10 cm große Öffnung zum Wenden frei.

13 Wende die Tasche durch die Wende-öffnung.

14 Dann schiebst du das Futter in das Außenteil nach innen.

15 Bügel die Tasche besonders sorgfältig an der Oberkante. Schieb die Tasche über den Nähmaschinenarm und stepp die Oberkante füßchenbreit ab, dabei wird die Öffnung auch gleich zugenäht.

16 Damit du die Tasche schließen kann, brauchst du einen Verschluss. Leg dafür die Kordel zur Hälfte und näh sie auf der Rückseite, mittig an der Oberkante fest. An die Enden knotest du je 1 Knopf.

17 Auf der Vorderseite, mittig an der Oberkante, nähst du den Herzknopf an. Er liegt der angenähten Kordel auf der Rückseite genau gegenüber. Zum Verschließen wickelst du das Bändchen mit den Pilzen um den Herzknopf. Zum Schluss nähst du noch 3 Knöpfe als Verzierung auf die Vorderseite.

Pinki Ponnie
Ein Pony zum Verlieben

Fühlst du dich jetzt beim Nähen schon sicher? Schaffst du es, einige Nachmittage zu nähen, bevor du das Ergebnis in deinen Händen halten kannst? Dann ist es soweit: Näh dir dein eigenes Pony mit passenden Bandagen und Rock.

So wird's gemacht

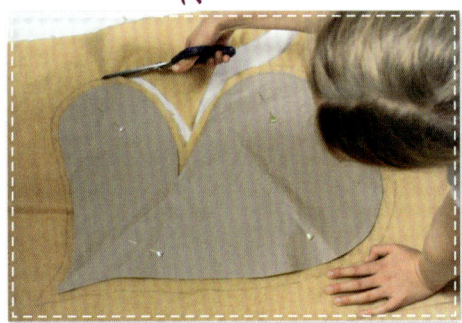

1 Übertrage die Schnittvorlagen vom Vorlagenbogen auf Backpapier. Schneide die Vorlagen aus und steck sie möglichst platzsparend auf die Rückseite des Teddystoffes. Zeichne rings um die Vorlagen und im Abstand von ca. 1 cm eine Linie. Dies ist die Nahtzugabe.

2 Das Körperteil brauchst du 2-mal, aber wenn du die Vorlage zum zweiten Mal auf den Stoff zeichnest, drehst du sie um, um das „gespiegelte" Gegenstück von Pinki Ponnies Körper zu erhalten. Von den Bein-Schnittteilen brauchst du insgesamt 8 Teile, also hier 4-mal von der einen Seite zuschneiden, dann die Vorlage umdrehen und noch einmal 4-mal gegengleich zuschneiden. Jedesmal zeichnest du die Nahtzugabe mit auf den Stoff.

Für Pinki Ponnie brauchst du:

* Teddystoff in Beige, 100 x 140 cm
* 2 Perlen in Dunkelgrün, ø 8 mm (für die Augen)
* 4 dicke Knöpfe (um die Zügel zu befestigen)
* 4 Knöpfe (um die Mähne zu befestigen)
* Satinband in verschiedenen Farben, insg. 4 Stücke von 50 cm (für das Halfter)
* Satinband in Rosa, 15 cm (für den Mund)
* 1 Knäuel Wolle (für den Schweif)
* Backpapier (für den Schnitt)
* 1 Blatt Papier und etwas Tesafilm (um einen Trichter zum Befüllen zu formen)
* Styroporkügelchen (als Füllung)

3 Steck nun je 2 gegengleiche Beinteile zusammen. Die schönen Seiten sind innen.

6 Nun drehst du aus Papier einen Trichter, klebst ihn an der Seite mit einem Stück Tesafilm fest und steckst ihn in die Beinöffnung. Füll die Styroporkügelchen ein.

7 Verschließ das gefüllte Bein mit einer Stecknadel und näh die Wendeöffnung zu.

4 Näh die Beinteile ringsum füßchenbreit zusammen, nur die obere gerade Kante lässt du als Wendeöffnung offen.

5 Schneide den Stoff in den spitzen Ecken der Hufe bis kurz vor die Naht ein. Wende alle 4 Beine und form die Beine (evtl. mit Hilfe eines Kochlöffels) gut aus.

Beine vorbereiten

8 Im nächsten Schritt legst du die Beine paarweise zusammen und nähst sie oben zusammen. Achte dabei darauf, dass die Füße jeweils in dieselbe Richtung zeigen.

9 Für den Schweif wickelst du Wolle in ca. 40 cm langen Bahnen hin und her ab.

10 Verknote die Wollfäden an einem Ende, sodass sie gesichert sind.

11 Flechte von der Verknotung ab einen Zopf und binde ihn unten zu. Dies ist der Schweif.

12 Den Schweif legst du, wie auf dem Bild zu sehen, auf die rechte (schöne) Seite eines Körperteils.

13 Näh den Anfangsknoten am Rand (auf der Nahtzugabe) gut fest.

Alles an einem Körperteil festnähen

14 Nun fixierst du das hintere Beinpaar mit Stecknadeln und nähst es auch am Rand (auf der Nahtzugabe) fest. Achte darauf, dass die Hufe nach vorne (also in Richtung Nase) zeigen.

15 Nun fixierst du auch das vordere Beinpaar und nähst es wie das hintere Beinpaar am Rand fest. Auch hier zeigen die Hufe nach vorne.

16 Leg nun das gegengleiche Körperteil bündig auf das erste. Beide Teile liegen rechts auf rechts, also mit den schönen Seiten aufeinander. In diesem Schritt nähst du die Teile nur vom Kinn bis kurz hinter dem Ohr zusammen. Auf dem Bild siehst du, dass wir die Naht mit Kreide vorgezeichnet haben.

Körperteile rechts auf rechts

17 Als nächstes steckst und nähst du den Körper vom Kinn über den Bauch bis einschließlich zum Schweif mit Stecknadeln zusammen. Achte darauf, dass die Beine und der Schweif im Innern von Pinki Ponnie liegen und nicht mit festgenäht werden. Oben am Kopf schauen die Beine etwas heraus. Dort lässt du die Naht zum Wenden offen.

18 Schneide die Nahtzugabe an der spitzen Kurve in Pinki Ponnies Kinn bis kurz vor die Naht ein. Dann lässt sich die Naht nach dem Wenden gut formen.

19 Die Spitze vom Ohr schneidest du schräg an der Naht ab. Nun kannst du Pinki Ponnie wenden.

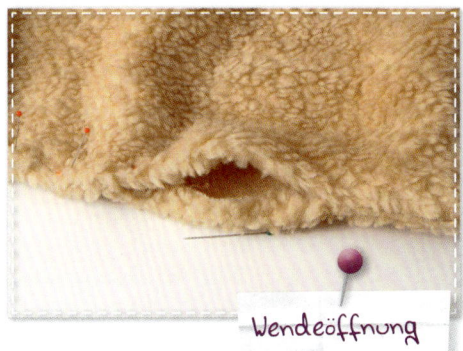

Wendeöffnung

20 Die Öffnung am Nacken ist noch ziemlich groß. Steck den Körper vom Schweif

bis zur Mitte des Halses mit Stecknadeln zusammen, dabei steckst du die Nahtzugaben nach innen. Hinter dem Ohr soll nur eine ca. 8 cm große Öffnung zum Füllen frei bleiben. Stepp die festgesteckte Naht füßchenbreit zusammen.

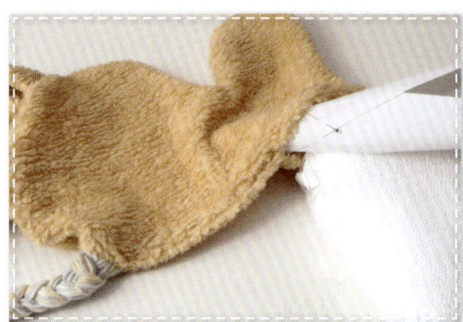

21 Steck deinen Papiertrichter in die Wendeöffnung und füll die Styroporkügelchen ein.

22 Verschließ die Öffnung mit Stecknadeln und näh sie zu.

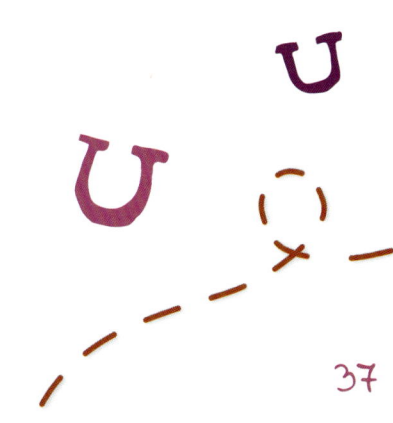

23 Als Augen nähst du zwei dunkelgrüne Perlen an. Für den Mund näh das rosa Bändchen von Hand auf. Wenn die Mundwinkel leicht nach oben zeigen, sieht es so aus, als ob Pinki Ponnie lacht.

25 Für das Halfter leg ein Bändchen rund um das Maul und verknote es. Ein zweites Bändchen leg hinter die Ohren, führ es unter das Kinn und verknote es dort. Verbinde nun die beiden Bänder miteinander. Dafür setzt du an jeder Seite seitlich ein weiteres Bändchen von dem ersten zum zweiten Band und verknotest es an beiden Enden. Die vier Knotenstellen kannst du mit Knöpfen verzieren. Achte aber darauf, dass du das Halfter nicht annähst. So kannst du es später an- und ausziehen.

24 An jeder Seite nähst du 2 dicke Knöpfe an (also insgesamt 4), um die du Bänder oder Wolle herumwickelst. Wir haben Blumenrankenbänder verwendet. Das ist die Mähne. Du kannst die Bänder auch flechten.

Pinki Ponnies Bandagen

Wie ein richtiges Pferd bekommt dein Pony auch echte Bandagen.

So wird's gemacht

1 Für jede Bandage schneidest du folgende Teile zu: Aus lila Walkloden 1 Rechteck von 13 x 20 cm, aus minzgrünem Walkloden 1 Rechteck von 4,5 x 20 cm und ein 20 cm langes Stück Borte. Steck das minzgrüne Rechteck unterhalb und die Borte oberhalb auf dem lila Rechteck fest.

Für 4 Bandagen brauchst du:

* Walkloden in Lila, 20 x 60 cm (für 4 Teile von 13 x 20 cm)
* bestickte Borte, 80 cm (für 4 Stücke von 20 cm)
* Walkloden in Minzgrün, 5 x 80 cm (für 4 Teile von 4,5 x 20 cm)
* Klettverschluss (jeweils Flausch- und Hakenseite) zum Kleben, 40 cm

2 Schlag die Enden der Borte etwas nach innen ein, damit sie nicht ausfransen. Näh den Streifen und die Borte knapp entlang beider Kanten mit dem Geradstich fest.

3 Schneide für jede Bandage 10 cm Klettband von der Flausch- und der Hakenseite zu. Kleb es, wie auf dem Foto zu sehen, auf. Anschließend nähst du jedes Klettband ringsum fest.

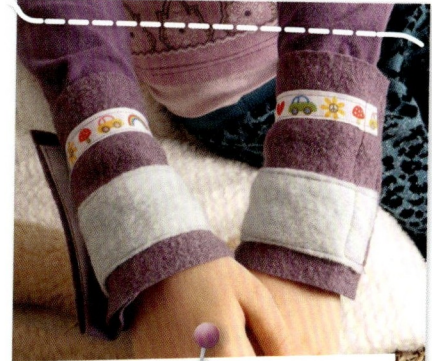

Armstulpen

Die Bandagen sehen auch als Armstulpen sehr schön aus und halten kuschelig warm!

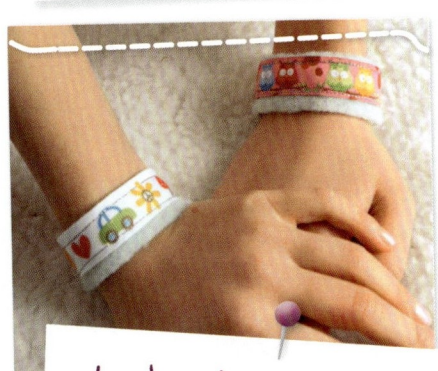

Armbänder

Aus Resten kannst du noch Armbänder gestalten. Das sieht sehr hübsch aus.

So wird´s gemacht

1 Schneide aus den Resten des Walklodens dünne Streifen zu. Nimm an deinem Handgelenk Maß. Zu deinem Handgelenksumfang musst du noch ca. 3 cm für den Überstand für den Klettverschluss hinzurechnen. Schneide Borte passend zu und steck sie auf einem Streifen fest. Schlag die Enden der Borte etwas ein, damit sie nicht so franselig aussehen, und näh sie ringsum auf dem Streifen fest.

2 An die Enden der Armbänder klebst und nähst du wie bei den Bandagen kleine Stücke Klettband an.

Für 1 Armband brauchst du:

* bestickte Borte, 5 cm länger als dein Handgelenksumfang
* 1 dünnen Streifen Walkloden, etwas breiter als die Borte und 3 cm länger als dein Handgelenksumfang
* Klettband (jeweils Flausch- und Hakenseite) zum Kleben, 1 cm

Für den Rock brauchst du:

* Nickistoff in Weiß, 30 x 75 cm
* Nickistoff in Rosa, 30 x 75 cm
* Rüschenborte in Rosa, ca. 1 m
* Gummiband, 70 cm
* Sicherheitsnadel zum Einfädeln
* Backpapier (für den Schnitt)

Pinki Ponnies Rock

Wenn ihr wollt, könnt ihr eurem Pony viele Anziehsachen nähen. Beginnt mit einem Rock – natürlich mit einem Ausschnitt für den Schweif.

Du brauchst 4 Stoffteile

1 Übertrage die Schnittvorlage für Pinki Ponnies Rock vom Vorlagenbogen auf Backpapier, schneide die Vorlage zu und leg sie auf den von dir gewählten Stoff. Zeichne die Form wie bei Pinki Ponnie zuzüglich ringsum Nahtzugabe auf den Stoff und schneide insgesamt 4 Teile zu.

2 Leg jeweils 2 Teile mit den schönen Seiten aufeinander und näh sie (nur) an einer Seite zusammen. Dann klappst du die Teile auf und legst ein weiteres Teil bündig an eine freie Kante, ebenfalls mit den schönen

Seiten aufeinander. Näh sie an der freien Kante zusammen. Dies wiederholst du mit dem vierten Rockteil. Nach jeder Naht versäuberst du die Nahtzugaben noch mit einem Zickzackstich.

3 Näh zum Schluss auch die letzten beiden Kanten zusammen, allerdings lässt du diesmal die obersten 20 cm offen! Denn hier brauchst du eine Öffnung für den Gummizug und für Pinki Ponnies Schweif.

4 An jeder Seite bügelst du die nicht vernähten 20 cm etwas nach innen und nähst den umgeschlagenen Stoff fest. Dann sind auch diese Kanten versäubert.

5 Für den Bund schlägst du die Oberkante des Rocks ca. 2 cm nach innen ein und dann noch einmal ca. 3 cm um, sodass ein Tunnel entsteht. Durch diesen Tunnel soll später das Gummiband eingefädelt werden, damit der Rock hält. Steck den Tunnel mit Stecknadeln fest und stepp ihn unten am Umschlag ringsum fest. Schieb den Rock dabei über den Nähmaschinenarm.

6 Für den Saum schlägst du die Unterkante des Rocks etwas nach innen ein, steckst und nähst ihn fest. Von außen (also auf die schöne Seite) steckst und nähst du doch die Rüschenborte fest.

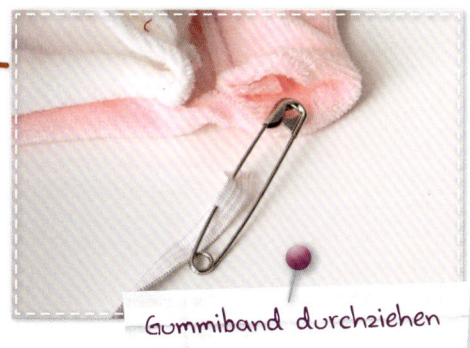

Gummiband durchziehen

7 Zum Schluss ziehst du das Gummiband mithilfe einer Sicherheitsnadel durch den Tunnel. Nun kannst du Pinki Ponnie den Rock anziehen und das Gummiband passend verknoten.

Halloween
Süßes oder Saures?

In der Dämmerung des 31. Oktobers erwacht unser Dorf zum Leben. Mit einem leuchtenden Kürbis ausgerüstet, klingeln schaurig verkleidete kleine Hexen, Vampire und Monster an den Haustüren. Da dieser Spaß aber nur einen Abend dauert, haben wir einige Tage zuvor zur Halloween-Party geladen. Da gab es einiges vorzubereiten: eine Girlande, ein scheußliches Spinnennetz, schaurig ausgehöhlte Kürbisse und ein Hexenkleid.

So wird's gemacht

1 Schneide 7 Rechtecke von 20 x 30 cm zu. Versäubere die Kanten mit einem sehr breiten Zickzackstich, aber einer kurzen Stichlänge (ca. 1,5). Achte dabei darauf, dass der Strich auf dem Nähmaschinenfüßchen genau auf der Stoffkante verläuft. Anschließend klappst du die obere Kante ca. 4 cm um und nähst sie unten fest. Nun hast du einen Tunnel, durch den du später die Kordel fädeln kannst.

Girlande
In den typischen Halloween-Farben Orange und Schwarz weht die Girlande im Oktoberwind.

Für die Girlande brauchst du:

* Stoff in Orange, 140 cm breit, 30 cm (für 7 Wimpel)
* Nähgarn in Schwarz
* Stoffmalfarbe in Schwarz
* 1 Borstenpinsel
* dicke Kordel, 4–5 m (zum Aufhängen)
* 1 Sicherheitsnadel (zum Einfädeln)

Malen mit Stoffmalfarbe

2 Leg die Stoffstücke auf Zeitungspapier, weil die Farbe eventuell etwas durch den Stoff drückt. Jetzt malst du deine Wunschmotive mit Pinsel und Stoffmalfarbe auf. Wir haben Hexe, Kürbis, Fledermäuse und Spinne gewählt.

3 Wenn die Farbe getrocknet ist, fädelst du die Wimpel nacheinander auf eine Kordel. Du kannst dafür eine Sicherheitsnadel als Hilfe verwenden. Stich sie in den Anfang der Kordel und verschließe sie. So kannst du die Kordel einfach durch den Tunnel ziehen.

Spinnennetz

Sammle im Wald 4 dicke, etwa gleich lange Stöcke. Leg die Stöcke kreuzartig übereinander und schnür die Mitte mit einer Paketschnur fest zusammen. Dann kannst du mit schwarzer Wolle ein Netz um die Stöcke herum weben.

Halloween-Kürbisse

Jetzt kommen die Kürbisse zum Einsatz! Wie sie geschnitzt werden, kannst du auf Seite 19 nachlesen. Stell ein Teelicht hinein, dann flackern sie herrlich gruselig!

Unheimlich schön!

Hexenkleid

Das Schnittmuster kannst du dir selbst herstellen. Es besteht nur aus Rechtecken.

So wird's gemacht

Schnitt vorbereiten

Für das schaurig schöne Hexenkleid (Größe 104–128) brauchst du:

* dehnbarer Stoff in Schwarz, ca. 140 cm breit, 100 cm
* durchsichtiger Stoff mit Halloween-Motiven, ca. 140 cm breit, 50 cm
* Zeitungspapier oder Tapete (für den Schnitt)
* Schneiderkreide

1 Zeichne ein Rechteck von 45 cm Breite und 90 cm Länge auf ein großes Stück Papier, eventuell musst du es zusammenkleben, damit es groß genug ist. (Falls du eine andere Kleidungsgröße benötigst, miss, wie lang und wie breit dein Kleid sein soll, und zeichne dieses Rechteck auf.)

Für das Vorderteil zeichnest du an der oberen Mitte (also an einer kurzen Seite) einen 20 cm breiten, leichten runden Bogen als Ausschnitt ein und schneidest ihn aus. An jeder Seite bleiben dabei ca. 13 cm für die Schulter stehen. An der Unterkante kannst du Zacken einzeichnen. Dann legst du deine Schnittvorlage auf den schwarzen Stoff und zeichnest die Umrisse mit einer gleichmäßigen Nahtzugabe auf den Stoff.

Das Rückteil wird genauso wie das Vorderteil, jedoch ohne Ausschnitt, zugeschnitten. Du kannst dafür dieselbe Schnittvorlage verwenden.

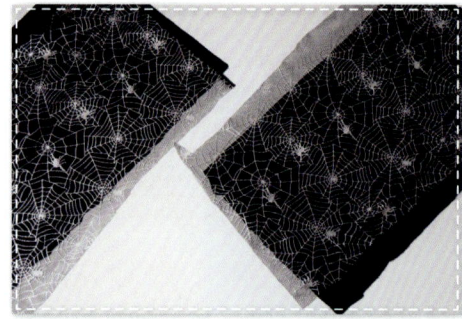

2 Für jeden Ärmel brauchst du jeweils 2 Rechtecke aus dem schwarzen und aus dem durchsichtigen Stoff. Schneide also insgesamt 4 Rechtecke von 20 x 45 cm aus schwarzem und aus durchsichtigem Stoff zu. Näh an jedem schwarzen Teil an einer kurzen Seite einen einfachen Saum. Schlag hierfür den Stoff 1-mal nach innen und stepp ihn füßchenbreit ab. Nun steckst du jeweils ein durchsichtiges Teil mit der schönen Seite nach oben auf ein schwarzes Teil, welches auch mit der schönen Seite nach oben zeigt. Nun hast du 4 Ärmelteile, die jeweils aus einem schwarzen und einem durchsichtigen Stoff bestehen.

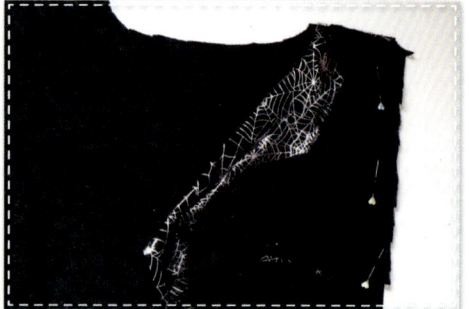

3 Leg ein Ärmelteil mit der ungesäumten kurzen Kante bündig an die rechte obere Ecke des Vorderteils. Die schönen Seiten des Ärmelteils liegen dabei auf der schönen Seite des Vorderteils. Die langen Ärmelteile liegen auf dem Hexenkostüm. Steck die Teile mit Stecknadeln zusammen und näh sie an der Kante zusammen. Das zweite Ärmelteil nähst du an der linken oberen Ecke des Vorderteils fest und die letzten beiden Ärmelteile entsprechend am Rückteil.

Ärmelteile annähen

4 So sieht ein angenähtes Ärmelteil aus, wenn du es nach dem Annähen aufklappst.

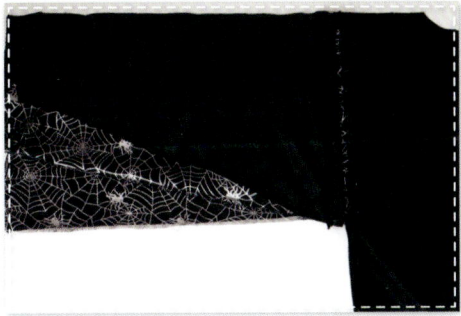

5 Leg das Vorder- und Rückteil mit den schönen Seiten bündig übereinander. Fixier die Teile ringsum mit Stecknadeln und näh sie entlang der Außenkanten zusammen. Beginn dafür jeweils oben am Ausschnitt bis zum Ende eines Ärmels. Dann nähst du an der Unterkante vom Ende des Ärmels bis zur Ecke unter dem Arm, lass die Nadel im Stoff stecken und dreh den Stoff, dann näh weiter bis zur Unterkante des Kostüms. Schlag die Kanten des Ausschnitts und auch die Unterkante des Kostüms 1-mal nach innen und stepp sie füßchenbreit fest. Wenn du jedoch Zacken in die Unterkante geschnitten hast, lässt du die Unterkante unversäubert.

Die Vorbereitungen sind fast fertig – die Party kann beginnen.

Auch Gespenster haben Hunger!

Große Decke
Schnell genäht

Nicht immer nur Rosa – das Raubkatzen-Muster gefällt auch Jungs!

So wird's gemacht

Teile rechts auf rechts

1 Leg beide Stoffe aufeinander, sodass die schönen Seiten innen liegen.

Für die Tagesdecke brauchst du:

* Stoff in Tiger-Optik, 140 x 200 cm
* Stoff in Ozelot-Optik, 140 x 200 cm

2 Fixier die beiden Lagen mit vielen Steck-nadeln.

3 Näh die Stoffe ringsum zusammen, lass dabei aber eine Öffnung von ca. 15–20 cm zum Wenden frei.

4 Schneide die Ecken schräg bis kurz vor die Naht ab, wende die Decke auf rechts und näh die Wendeöffnung zu.

Ein Sofa aus Strohballen

Verschnüre 6 Strohballen mit einer Kordel zu einem Sofa. Darauf macht sich deine Decke ganz hervorragend.

Pinnwand mit Büffelmotiv

So wird's gemacht

1 Applizier zunächst das Büffelmotiv auf den naturfarbenen Jutestoff, wie im Tipi-Kapitel beschrieben auf Seite 16–17. Das Büffelmotiv findest du auf dem Vorlagen-bogen.

Nun fehlt noch ein tolles Bett, auf das du deine Decke legen kannst.

Für die Pinnwand brauchst du:

* Jute in Natur, ca. 50 x 70 cm
* Jute in Braun, ca. 20 x 20 cm
* Jute in Rot, ca. 10 x 10 cm
* den Boden eines größeren Pappkartons, ca. 40 x 60 cm
* beidseitig aufbügelbares Haftvlies, ca. 50 x 50 cm
* 2 Ösen mit Scheiben
* Druckknopf-Loch- und Ösenzange
* Kordel, ca. 1 m lang (zum Aufhängen)

Rückseite der Pinnwand

2 Schneide ein passendes Stück Haftvlies für die naturfarbene Jute zu und bügel es auf die Rückseite auf.

3 Zieh das das Trägerpapier ab, leg den Jutestoff auf den Pappkarton-Boden und bügel ihn auf.

4 Schneide alle Überstände ab, sodass der Stoff genauso groß wie die Pappe ist.

5 Nun vernähst du alle Kanten, indem du mit einem sehr breiten Zickzackstich ringsum nähst. Der Mittelstrich des Nähmaschinen-füßchens soll sich dabei genau auf der Pappkante befinden. Weil du auf Pappe nähst, solltest du eine scharfe (am besten neue) Nadel verwenden.

6 An die Oberkante arbeitest du 2 Ösen ein, wie für den Schlüsselanhänger auf Seite 13 beschrieben. Fädel die Kordel durch die Löcher und verknote die Enden. Fertig!

Weil die Wand noch ein bisschen zu weiß war und der Tipi-Stil gut zur Tagesdecke passt, haben wir das Büffelmotiv nochmals verwendet und sehr schnell und mit wenig Material eine Pinnwand genäht und gebastelt.

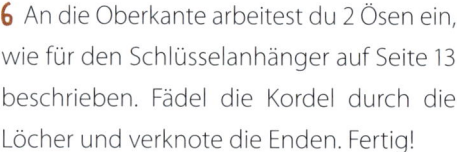

CD-Hüllen
für deine Lieblingsmusik

Hast du CDs, die du ganz besonders gerne hörst? In selbst genähten CD-Hüllen sieht man gleich, dass sie etwas Besonderes sind. Für das Design gibt es unzählige Möglichkeiten. Zwei davon möchten wir dir hier vorstellen. Die Kopfhörerform findest du auf dem Vorlagenbogen.

CD-Hülle „Kopfhörer"

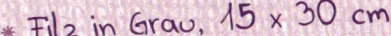

So wird´s gemacht

1 Übertrage die CD-Hüllen-Form vom Vorlagenbogen. Falls du dickere CDs oder DVD behüllen möchtest, leg diese auf Papier und zeichne eine eigene Schnittvorlage. Gib an jeder Seite 2 cm Nahtzugabe hinzu. Bei dickeren CD-Packungen brauchst du noch mehr Nahtzugabe, denn der Stoff muss ja bis zur seitlichen Mitte der Hülle reichen.

2 Schneide 2 Teile aus grauem Filz zu. Wenn du die Schnittvorlage vom Vorlagenbogen verwendest, brauchst du keine Nahtzugabe mehr hinzugeben.

Für die CD-Hülle „Kopfhörer" brauchst du:

* Filz in Grau, 15 x 30 cm
* Filz in Grasgrün, ca. 10 x 10 cm
* beidseitig aufbügelbares Haftvlies, ca. 10 x 10 cm
* Nähgarn in Schwarz

3 Schneide ein passendes Stück Haftvlies für den grasgrünen Filz zu (etwas kleiner als der Filz) und bügel es auf.

4 Übertrage die Kopfhörervorlage 2-mal auf das Haftvlies, und zwar einmal von der einen Seite und dann von der anderen Seite, damit du 2 gegengleiche Formen (also einen rechten und einen linken Kopfhörer) erhältst.

5 Schneide die Formen aus und zieh das Trägerpapier ab. Ordne die Kopfhörer auf einem Filzteil so an, dass du eine schöne Kopfhörerform bekommst. Bügel sie auf.

Zickzackstich in Schwarz

6 Zeichne nun mit einem Bleistift einen Bogen von einem Kopfhörer zum anderen und näh diesen Strich mit einem sehr breitem Zickzackstich und kurzer Stichlänge nach.

7 Für die Kabel zeichnest du auch Linien. Diese nähst du mit dem Geradstich nach. Nun steck die beiden grauen Teile zusammen, sodass die schönen Seiten außen sind. Näh sie an den Seiten und unten füßchenbreit zusammen.

CD-Hülle „Noten"

So wird´s gemacht

1 Übertrage die CD-Hüllen-Form vom Vorlagenbogen.

2 Schneide 2 Teile aus lila Filz zu. Wenn du die Schnittvorlage vom Vorlagenbogen

verwendest, brauchst du keine Nahtzugabe mehr hinzugeben.

Notenhälse aufmalen

3 Mal mit Stoffmalfarbe Notenhälse und einen Notenschlüssel auf den Filz. Lass die Stoffmalfarbe trocknen und bügel sie unter einem Tuch nach. Näh oder klebe Knöpfe als Noten an die Notenhälse. Stecke die CD-Hüllen-Teile mit den schönen Seiten nach außen zusammen und stepp sie an den Seiten und unten füßchenbreit zusammen.

Für die CD-Hülle „Noten" brauchst du:

* Filz in Lila, 15 x 30 cm
* 2 Knöpfe
* Stoffmalfarbe in Türkis
* dünner Pinsel
* Schmuckborten oder Rüschen, die du vielleicht zusätzlich als Verzierung aufnähen möchtest

Buchhülle + Täschchen
Geschenke in Letzter Minute

Ob für dich selbst oder als Geschenk – mit wenig Stoff kannst du außergewöhnliche Buchhüllen oder kleine Täschchen nähen.

Einfache Buchhülle

So wird's gemacht

Zusammennähen

1 Leg das Buch, das du ausgewählt hast, auf den Stoff. Zeichne oben und unten ca. 2–3 cm und an jeder Seite jeweils ca. 8 cm Nahtzugabe ein.

2 Schneide den Stoff 2-mal in dieser Größe zu und leg ihn mit den schönen Seiten (also rechts auf rechts) zusammen.

3 Fixier die beiden Stofflagen mit Stecknadeln und näh sie ringsum mit dem Geradstich zusammen, lass dabei jedoch eine Öffnung zum Wenden frei.

4 Schneide alle Ecken schräg ab und wende die Buchhülle auf rechts.

5 Bügel die Buchhülle schön glatt.

6 Stepp die Buchhülle knapp entlang der Außenkante ringsum mit dem Geradstich ab. Dann bleibt sie gut in Form.

7 Leg dein Buch mittig in die vorbereitete Hülle und schlag die Seiten der Hülle um die Buchdeckel. Klapp das Buch zusammen, dann kannst du erkennen, wie viel Stoff du tatsächlich brauchst.

Umschlagen und feststecken

8 Fixier die eingeschlagenen Seiten der Hülle mit Stecknadeln aufeinander.

9 Nun nähst du die Umschläge schmal entlang der Kante zusammen.

Buchhülle mit Lesezeichen und Verschluss

Wenn du in die Buchhülle gleichzeitig ein Lesezeichen und einen Verschluss einnähen möchtest, nähst du die Buchhülle genauso, wie oben beschrieben, jedoch nähst du zusätzlich das Gummiband und das Lesezeichen ein.

1 Schneide den Stoff genauso wie in Schritt 1 auf Seite 52 beschrieben zu. Leg die Stoffteile wie in Schritt 2 auf Seite 52 rechts auf rechts aufeinander. Jedoch legst du außerdem das Gummiband und das Lesezeichen zwischen die Stofflagen: Das Bändchen, das dein Lesezeichen ist, legst du genau in die Mitte des Stoffes, und zwar so, dass es etwas über die Oberkante ragt, das restliche Bändchen soll auf dem Stoff liegen, damit du es an der Unterkante nicht aus Versehen festnähst. Nun überleg dir, wo später die Rückseite des Bucheinschlags sein soll. An dieser Stelle legst du das Gummiband zwischen die Stofflagen. Die Enden ragen über die Ober- und Unterkante, weil es an beiden Enden in der Naht festgenäht wird.

Gummiband fixieren

2 Leg nun das obere Stoffstück sorgfältig auf das untere. Fixier die Hülle und auch das Lesezeichen und das Gummiband mit Stecknadeln.

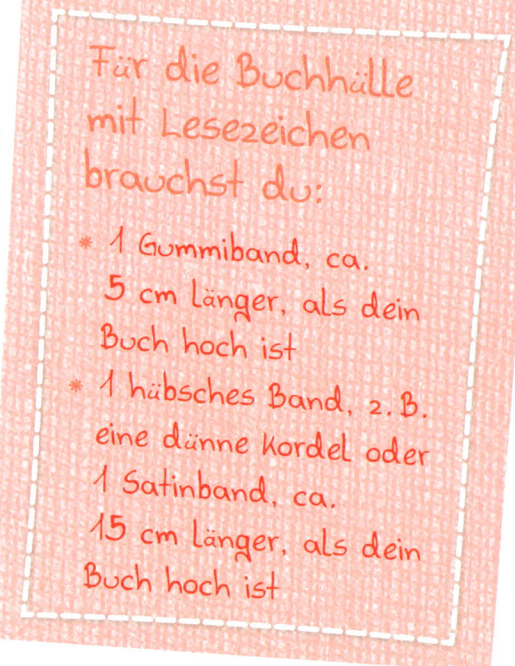

Für die Buchhülle mit Lesezeichen brauchst du:

* *1 Gummiband, ca. 5 cm länger, als dein Buch hoch ist*
* *1 hübsches Band, z. B. eine dünne Kordel oder 1 Satinband, ca. 15 cm länger, als dein Buch hoch ist*

3 Folge den Schritten 3 bis 5, wie bei der einfachen Buchhülle beschrieben, näh dabei das Gummiband fest. Wie in Schritt 6 auf Seite 53 steppst du die Hülle ringsum einmal ab, nun sparst du das Gummiband jedoch aus: also vorher stoppen und die Naht verriegeln, das Füßchen heben und nach dem Gummiband weiternähen, dabei den Anfang der Naht auch verriegeln. Anschließend folgst du den Schritten 7 bis 9 auf Seite 54.

Für das Täschchen brauchst du:

* Baumwollstoff, 2 Stücke von 15 x 27 cm
* Klettband (jeweils Flausch- und Hakenseite), 1,5 cm
* kleines Stück bestickte Borte (Rest)
* 2–3 verschiedene Schmuckperlen (nach Belieben)
* 1 Knopf, z. B. in Herzform

Kleines Täschchen

Dieses Täschchen ist aus Stoffresten genäht, die Maße kannst du beliebig verändern. Schau einmal, welche Stoffstücke du übrig hast. Wichtig ist nur, dass du zwei gleich große rechteckige Teile hast.

So wird´s gemacht

1 Leg die Stoffstücke mit den schönen Seiten (also rechts auf rechts) zusammen, fixier sie mit Stecknadeln und näh sie ringsum bis auf eine Öffnung zum Wenden füßchenbreit zusammen. Dann wendest und bügelst du die Hülle. Das kannst du jetzt schon richtig gut!

Genähten Streifen zusammenklappen

2 Steck und näh ein Stück Borte auf der Außenseite auf. Falte das Stoffteil vor dem Nähen einmal wie auf dem Foto zusammen, um die richtige Position zu finden. Überleg nun, an welcher Stelle das Klettband sitzen muss. Näh die Hakenseite oberhalb der Borte und die Flauschseite innen in der Lasche fest.

3 Nun legst du das Täschchen wieder wie in Schritt 2 zusammen und steppst es seitlich knapp entlang der Außenkante fest. Zum Abschluss kannst du dein Täschchen noch mit Knöpfen und Perlenbändchen verzieren.

Puppenbekleidung
Alles für meine Lena

Hier nähen wir Kleidung für die Lieblingspuppe. Sie ist 45 cm groß, ihre Füße sind 7,5 cm lang und ihr Kopfumfang beträgt 35 cm. Wenn deine Puppe auch ungefähr so groß ist, kannst du die Vorlagen vom Vorlagenbogen verwenden. Falls nicht, nimm selber Maß! Es ist einfacher, als du denkst.

Maß nehmen

Maßnehmen ist nicht schwer! Leg deine Puppe auf großes Blatt Papier und zeichne die Umrisse nach. Denk daran, dass der Stoff von Vorder- und Rückteil bis zur seitlichen Mitte der Puppe reichen muss und dass die Kleidung nicht allzu straff sitzen sollte. Zeichne den Umriss also großzügig auf!

Hose
Die Hose wird wie die anderen Teile aus Nickistoff genäht und bekommt einen Gummizug. So sitzt sie sehr bequem.

So wird's gemacht

1 Übertrage das Hosenteil vom Vorlagenbogen auf Backpapier und schneide es aus. Leg die Vorlage auf Stoff, zeichne das Teil mit Nahtzugabe ein und schneide zwei gegengleiche Teile als Vorder- und Rückteil aus.

Für die Hose brauchst du:
* Nickistoff in Hellblau, 30 × 75 cm
* Gummiband, ca. 45 cm
* Rüschenborte, ca. 50 cm
* Sicherheitsnadel (zum Einfädeln)
* Backpapier (für den Schnitt)

2 Leg beide Teile rechts auf rechts bündig aufeinander und stecke sie fest.

4 Hier siehst du die Nähte und die Öffnung an der einen Außenkante.

5 Schlag die Kanten der offenen Seitennaht nach innen. Fixier sie mit Stecknadeln und näh sie fest.

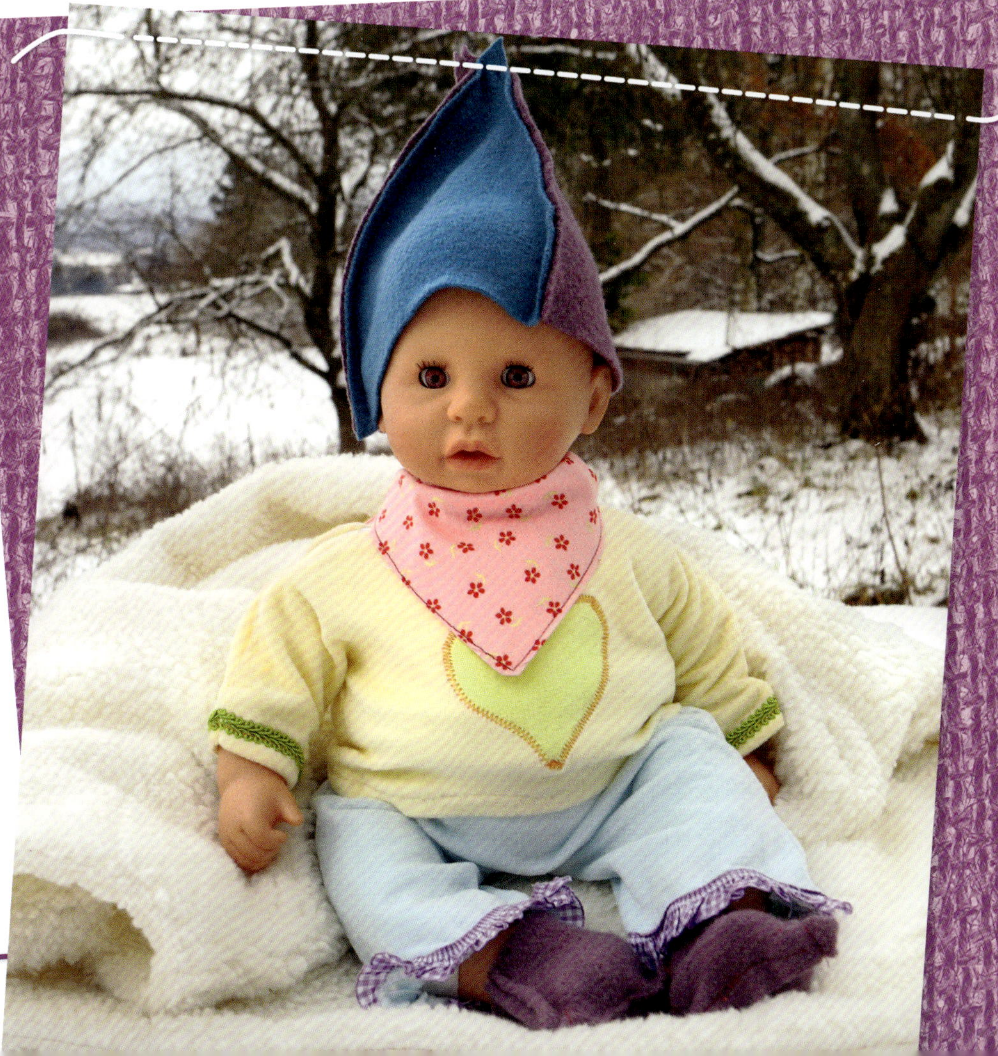

3 Näh die Innennaht von einem Beinende bis zum Schritt und von dort weiter zum anderen Beinende. Näh eine Außennaht von oben bis zum Beinende zusammen. Die andere Außennaht nähst du jedoch nicht komplett zu: Beginn ca. 6 cm von der oberen Kante entfernt und näh dann bis zum Beinende.

Tunnel vorbereiten

6 Schlag die Oberkante der Hose 2-mal nach innen, steck sie fest und näh sie an der unteren Kante fest. Schieb die Hose dafür auf den Nähmaschinenarm. Achte darauf, dass der Tunnel für das Gummiband breit genug ist!

7 Zieh das Gummiband durch den Tunnel. Befestige dafür eine Sicherheitsnadel am Anfang des Gummibands und schiebe das Gummiband damit durch den Tunnel. Überprüf die Länge des Gummibands, sodass die Hose deiner Puppe passt, und verknote die Enden.

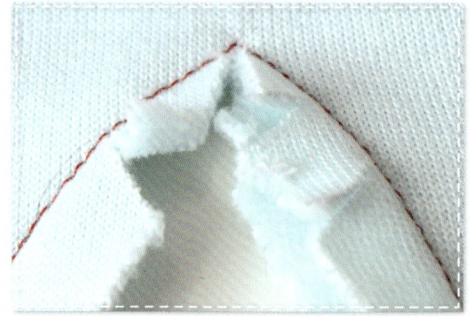

8 Schneide die Nahtzugaben im Schritt der Hose bis kurz vor die Naht ein. Achte dabei darauf, die Naht nicht zu verletzen.

9 Klapp die Hosenbeinkanten nach innen, steck sie fest und näh sie füßchenbreit fest. Achte dabei darauf, die Hosenbeine nicht zusammenzunähen, denn sie werden nicht auf den Nähmaschinenarm passen. Steck die Rüschenborte mit Stecknadeln auf dem Saum fest und näh sie ringsum an.

Pulli

Verzier den Pulli mit einer hübschen Borte an den Ärmeln und einer Applikation auf der Vorderseite, zum Beispiel einem Herz.

So wird's gemacht

1 Übertrag die Vorlage für den Pulli vom Vorlagenbogen auf Backpapier und schneide sie aus. Falte den Nickistoff mit den schönen Seiten zur Hälfte zusammen. Steck deine Vorlage auf den Stoff und schneide gleichzeitig beide Stofflagen rings um die Vorlage mit einer gleichmäßigen Nahtzugabe aus. Nimm die Vorlage ab und steck die Stoffteile (= Vorder- und Rückteil) wieder zusammen.

Für den Pulli brauchst du:

* Nickistoff in Gelb, 30 x 75 cm
* Gummiband, ca. 15 cm
* Borte in Grün, 2 Stücke von ca. 25 cm
* Nickistoff in Hellgrün, ca. 10 x 10 cm (für das Herz)
* beidseitig aufbügelbares Haftvlies, ca. 10 x 10 cm
* Backpapier (für den Schnitt)

2 Näh jeweils die übereinanderliegenden Unterkanten der Ärmel von der Ärmelöffnung bis zur Achsel und dann die Seitennaht bis zur Unterkante des Pullis zusammen. Für die Bündchen klappst du die Ärmel auf und schlägst die Ärmelenden nach innen. Steck sie mit Stecknadeln fest und näh sie füßchenbreit fest. Anschließend steckst und nähst du die Borten von außen auf.

Klapp die Pulli-Teile zusammen, sodass die Oberkanten bündig übereinanderliegen. Näh die obere Kanten der Ärmel (= Schulter) vom Bündchen bis zur Halsöffnung zusammen. Für den Kopf sollte ein Ausschnitt von ca. 10 cm offen bleiben. Steck die Schulter einmal fest und probier, ob der Kopf deiner Puppe hindurchpasst, bevor du nähst.

Schlag die Ausschnittkanten nach innen, steck sie fest und stepp sie füßchenbreit ab. Falls der Ausschnitt zu weit ist, kannst du an den Seiten Gummibänder annähen. So passt der Puppenkopf durch den Ausschnitt und der Pulli rutscht nicht über die Schultern.

3 Für die Herz-Applikation bügelst du das Haftvlies auf die Rückseite des hellgrünen Stoffes.

4 Zeichne das Herz vom Vorlagenbogen auf das Trägerpapier. Schneide es exakt auf deiner eingezeichneten Linie aus und zieh das Trägerpapier ab.

5 Leg das Herz mittig auf die Vorderseite des Pullis und bügel es auf.

6 Übernäh die Kanten des Herzes mit einem breitem Zickzackstich. Wähle eine große Stichbreite und eine kurze Stichlänge. Achte darauf, dass der mittlere Strich des Nähmaschinenfüßchens genau auf der Kante läuft.

Halstuch

Wir haben für die Vorder- und Rückseite verschiedene Stoffe in Rosatönen verwendet.

So wird's gemacht

Übertrage die Halstuch-Vorlage vom Vorlagenbogen auf Backpapier und schneide sie aus. Übertrage die Vorlage 2-mal mit einer gleichmäßigen Nahtzugabe auf die Rückseite deiner Stoffe und schneide die Teile aus. Leg die Teile rechts auf rechts zusammen, näh sie ringsum füßchenbreit bis auf eine Wendeöffnung zusammen. Schneide die Nahtzugaben an den Ecken schräg ab, wende das Halstuch auf rechts. Zum Schluss bügelst du es von der rechten Seite glatt und nähst die Wendeöffnung zu.

Für das Halstuch brauchst du:
* 2 verschiedene Stoffe von jeweils 20 x 45 cm
* Backpapier (für den Schnitt)

Zipfelmütze und Schuhe

Gleich hat deine Puppe alles, was sie braucht. Damit sie nicht friert, braucht sie natürlich noch Schuhe und Mütze.

So wird's gemacht

1 Für die Mütze übertrage die Vorlage für die Mütze vom Vorlagenbogen auf Backpapier und schneide sie aus. Übertrage die Vorlage insgesamt 3-mal mit einer schmalen gleichmäßigen Nahtzugabe auf den Walkloden und schneide die Teile aus.

2 Näh alle Teile an den Seitenkanten zusammen. Dafür legst du zunächst 2 Teile aufeinander und nähst sie nur an einer Kante zusammen. Klapp die vernähten Teile auf und näh nun das dritte Teil an. Alle Teile sind nun aneinandergenäht. Nun legst du auch noch die letzten beiden offenen Kanten aufeinander und nähst sie zusammen. Die Nahtzugaben bleiben außen, die Mütze wird also nicht gewendet. (Falls du sie gewendet schöner findest, kannst du sie natürlich wenden.)

Gummiband einnähen

3 Um die Mütze rutschfest anziehen zu können, benötigst du das Gummiband. Fixier es an einer unteren Kante eines Mützenteils, das später hinten liegen soll. Leg die Mützenkante in Falten und näh das Gummiband, wie auf dem Foto gezeigt, fest.

4 Für jeden Schuh schneide 1 Rechteck von 8 x 20 cm zu.